Auf einen Blick

Deutsch 6. Klasse

PONS

1 RECHTSCHREIBUNG

Lange Vokale

Die **meisten** lang gesprochenen Vokale (Selbstlaute) werden einfach ***a, e, o, u*** geschrieben. Mit der „einfachen" Vokalschreibung liegst du in der Regel genau richtig: *Hafen, Regen, Boden, Tube, …*
Das **lange i** schreibt man im Deutschen meistens ***ie***: *Ziege*

Das lang gesprochene i als **einfaches *i*** kommt nur selten vor: am Wortanfang, bei Fremdwörtern oder Eigennamen *Igel, Idee, Kino, Zitrone, …*

Bei einigen Wörtern wird der lange Vokal durch ein **Dehnungs-h** gekennzeichnet. Oft kannst du dieses *h* **hörbar machen**, wenn du das Wort verlängerst oder eine Ableitung suchst:
Kuh ▶ *Kü-**he*** *zieht* ▶ *wir zie-**hen***

Ableiten oder verlängern – so geht's!
Verben – bilde die **wir-Form**: *geht* ▶ *wir ge-**hen***
Nomen – bilde den **Plural**: *das Reh* ▶ *die Re-**he***
Adjektive – **steigere** mit „noch": *froh* ▶ *noch fro-**her***

Steht das Dehnungs-h **vor *l, m, n* oder *r***, kannst du es meist nicht hörbar machen. Diese Wörter musst du lernen:
*ne**hm**en, i**hr**e, Lo**hn**, fa**hr**en, …*

Sehr selten sind Wörter, bei denen die Vokale ***a, e*** oder ***o*** **verdoppelt** werden. Auch diese wenigen Begriffe musst du dir merken:
*B**oo**t, M**oo**r, l**ee**r, T**ee**r, B**ee**t, S**aa**l, P**aa**r, H**aa**r, …*

Achtung! **Umlaute** (ä, ö, ü) werden **nie verdoppelt**.
Boot ▶ *B**ö**tchen, Paar* ▶ *P**ä**rchen, …*

Kurze Vokale

Nach kurzem betontem Vokal stehen meist **zwei oder mehrere Konsonanten** (Mitlaute): *Wi**nd**, Ku**nst**, …*
Wenn du nur einen Konsonanten hörst, dann wird dieser beim Schreiben meistens **verdoppelt**: *Da**mm**, na**ss**, …*
Die Buchstaben *k* und *z* werden nicht verdoppelt.
Für Doppel-k steht **ck**: *E**ck**e, Ho**ck**e, ne**ck**en, …*
Für Doppel-z steht **tz**: *Wi**tz**e, He**tz**e, schma**tz**en, …*

Bei einigen **kurzen** Wörtern folgt nur **ein** Konsonant auf den kurzen Vokal, z. B. *im, mit, am, ab, weg, …*

s-Laute und ihre Schreibung

Das „summende" **stimmhafte s** signalisiert ein **einfaches s** in der Schreibung. Es kommt nur am **Anfang einer Silbe** oder eines **Wortes** vor: ***S**ahne, Ho**s**e, …*
Das „zischende" **stimmlose s** wird als ***s, ss*** oder ***ß*** geschrieben: *ein Ga**s**t, sie rei**s**t, fa**ss**en, er bei**ß**t, …*
Wenn du den Unterschied zwischen stimmlosem und stimmhaftem s nicht hören kannst, kannst du dir die Schreibungen nur **einprägen**. Oft helfen dir beim **stimmlosen s** die **Ableitungen** bei der Entscheidung für die richtige Schreibweise.

Das stimmlose s: s, ss oder ß?

s	Findest du ein **Ableitungswort mit stimmhaftem s**, schreibst du **s**: *die Maus* ▶ *die Mäu**s**e, ich las* ▶ *wir la**s**en, …*
ss	Nach **kurzem, betontem Vokal** wird **ss** geschrieben. Bei Ableitungen hörst du das Doppel-s deutlich: *Ta**s-s**e, na**ss*** ▶ *noch na**s-s**er*
ß	Nach **langem oder doppeltem Vokal** wird **ß** geschrieben. Bei Ableitungen hörst du den s-Laut nur einmal – am Anfang der Silbe: *drau-**ß**en, Spa**ß*** ▶ *Spä-**ß**e, hei**ß*** ▶ *noch hei-**ß**er*

Achtung, Ausnahmen! *Hinderni**s** – Hinderni**ss**e, Erlebni**s** – Erlebni**ss**e, der Zirku**s** – die Zirku**ss**e, der Bu**s** – die Bu**ss**e*

Gleichklang im Auslaut

Die Konsonanten ***b, d, g*** werden am Silbenende oder vor *-t* in Verbformen anders gesprochen als am Anfang einer Silbe. Sie klingen dann oft wie ***p, t*** oder ***k***: *lie**b**t – pum**p**t, Her**d** – har**t**, Kru**g** – Tan**k***

Durch **Ableiten** oder **Verlängern** kannst du sie an den Silbenanfang bringen und herausfinden, wie sie geschrieben werden.
*Freun**d*** ▶ *die Freun-**d**e, lie**b*** ▶ *noch lie-**b**er, fe**g**t* ▶ *wir fe-**g**en*

Auch die **Adjektivendungen *-ig*** und ***-lich*** klingen oft gleich. Hier lässt sich durch die Ableitung der Unterschied ebenfalls hörbar machen: *friedlich* ▶ *noch fried**lich**er, neblig* ▶ *noch nebl**ig**er*

ä oder e und äu oder eu?

Meistens schreibt man *e* bzw. *eu*. Für die meisten *ä*- bzw. *äu*-Wörter lassen sich Ableitungen oder Wortverwandte finden.

ä* oder *e	***äu* oder *eu***
*die H**ä**nde* ▶ *H**a**nd*	*die M**äu**se* ▶ *M**au**s*
*er h**ä**lt* ▶ *h**a**lten*	*Tr**äu**mer* ▶ *Tr**au**m*

Ausnahmen ohne Wortverwandte oder Ableitungen: *sp**ä**t, **ä**rgern, der B**ä**r, der L**ä**rm, das M**ä**dchen, M**ä**rz, K**ä**nguru, M**ä**rchen, Tr**ä**ne, **Ä**rger, **ä**hnlich*

f-Laute mit v-Schreibung

Am häufigsten kommen diese Schreibungen bei **Vorsilben** vor:
ver – ***ver**lieren, **ver**boten, **Ver**such, **Ver**rat, …*
vor – ***vor**lesen, **Vor**rat, **Vor**sicht, **Vor**fahrt, …*
voll – ***voll**bringen, **Voll**mond, **voll**kommen, **voll**ständig, …*
viel – ***viel**seitig, **viel**fach, **viel**mals, **viel**farbig, …*

Schreibweisen des ks-Lautes

x: *Ni**x**e, mi**x**en, Te**x**t, …*
ks: *schla**ks**ig, lin**ks**, …*
cks: *Kna**cks**, zwe**cks**, …*
chs: *A**chs**e, Wa**chs**, we**chs**eln*
gs: *unterwe**gs**, län**gs**t, …*

Konjunktionen

Konjunktionen (Bindewörter) können **Wörter**, **Satzteile** oder **Sätze verbinden**.

Wörter: *Ich mag T-Shirts **und** Jeans.*
Satzteile: *Ich fahre in die Stadt **und** gehe einkaufen.*
Sätze: *Ich suche ein paar neue Schuhe **und** eine neue Jacke könnte ich auch gebrauchen.*

Es gibt nebenordnende und unterordnende Konjunktionen.

nebenordnende	unterordnende
• leiten einen **Hauptsatz** ein • erscheinen in **Satzreihen** oder **Satzgefügen**	• leiten einen **Nebensatz** ein • erscheinen **ausschließlich** in **Satzgefügen**
und, oder, aber, denn, sondern, (je)doch, …	*während, als, seitdem, weil, da, wenn, obwohl, ob, dass, …*
*Es ist erst elf Uhr, **aber** ich habe schon wieder Hunger.*	*Ich habe Durst, **weil** es so heiß ist.*

Außerdem unterscheidet man **Konjunktionen** danach, welche Beziehung sie zwischen Wörtern, Wortgruppen oder ganzen Sätzen herstellen.

aneinanderreihend	ausschließend	entgegensetzend
und, sowie, sowohl … als auch, weder … noch, …	*entweder … oder, oder, …*	*aber, doch, sondern, …*
*Ich mag bequeme Jeans **und** Pullis.*	***Entweder** du kommst jetzt **oder** ich fahre ohne dich.*	*Tom will nicht diese Kappe, **sondern** diesen Hut.*
begründend	**zeitlich**	**Art und Weise**
denn, weil, da, …	*nachdem, seit, bis, seitdem, bevor, als, …*	*indem, dadurch dass, ohne dass, …*
*Ich bin zu spät, **denn** der Bus hatte Verspätung.*	*Wir warten auf dich, **seitdem** die Schule aus ist.*	*Sie kam vorbei, **ohne dass** ich sie eingeladen hatte.*

5 WORTBILDUNG

Wortbausteine

Die meisten Wörter der deutschen Sprache bestehen aus mehreren Wortbausteinen.
Es gibt **Vor-**, **Grund-** und **Endbausteine**:
be-leb-en, *Er-leb-nis*

Mit Vor- und Endbausteinen kannst du aus einem Grundbaustein **Ableitungen** bilden.

Vorbausteine

Vorbausteine schreibst du immer gleich. Nur bei wenigen Vorbausteinen musst du beim Schreiben auf Besonderheiten achten:

- ***ver-*** und ***vor-*** schreibst du mit ***v***.
- Der Vorbaustein ***miss-*** wird mit Doppel-*s* geschrieben.
- Den Vorbaustein ***ent-*** ist nicht mit dem Grundbaustein ***end-*** von *Ende* zu verwechseln *(entkommen – endlich)*.
- Die Vorbausteine ***wieder-*** und ***wider-*** bedeuten Verschiedenes und werden unterschiedlich geschrieben:
*wie**der-holen** (noch einmal* tun),
*wi**der-sprechen** (dagegen* sprechen).

Endbausteine

Bei Wörtern aus mehreren Bausteinen entscheidet der letzte Baustein, zu welcher **Wortart** das Wort gehört.

Endbausteine von **Nomen**	Endbausteine von **Adjektiven**
-heit, -keit, -nis, -schaft, -tum, -ung	*-bar, -haft, -ig, -isch, -lich, -los, -sam*

Wortzusammensetzungen

Um neue Dinge oder neue Gedanken zu beschreiben, musst du nicht gleich ein ganz neues Wort erfinden. Meist kannst du schon durch das Zusammensetzen von zwei bereits bekannten Wörtern eine treffende Bezeichnung finden.

Dabei gibt das **Grundwort** an, wovon die Rede ist:
*Weihnachts**fest**, Straßen**fest**, Klassen**fest***
*gras**grün**, oliv**grün**, hell**grün***

Das **Bestimmungswort** bezeichnet die Art der Sache genauer:
***Weihnachts**fest, **Straßen**fest, **Klassen**fest*
***gras**grün, **oliv**grün, **hell**grün*

Zusammensetzungen sind daran zu erkennen, dass sie, anders als **Ableitungen**, mehrere **Grundbausteine** enthalten und dass etwas weggelassen wurde:
Leiterin eines Kindergartens ▶ ***Kindergartenleiterin***
Fest auf der Straße ▶ ***Straßenfest***

6 SATZREIHEN & SATZGEFÜGE

Haupt- oder Nebensatz?

Es gibt einen sehr einfachen Trick, um Haupt- und Nebensätze voneinander zu unterscheiden: Prüfe, ob **der Satz für sich stehen kann und dann noch Sinn macht!**

Ein **Hauptsatz** kann immer „alleine" stehen:
Ich habe mir einen Zauberkasten gekauft.

Im Gegensatz dazu kann der **Nebensatz** nicht für sich alleine stehen: *Weil ich einen Zauberkasten gekauft habe.*

Ein vollständiger **Hauptsatz** enthält immer mindestens ein **Subjekt** und ein **Prädikat**.
Das **Prädikat** steht im Aussagesatz **immer an zweiter Stelle**:
*Ich **komme** zu spät zum Bus.*

Es gibt **Merkmale**, durch die ein **Nebensatz** eindeutig erkennbar ist:

- Ein Nebensatz **allein ergibt keinen Sinn**. Er bezieht sich immer auf ein vorangehendes Wort oder einen Hauptsatz.
- Ein Nebensatz wird **mit einer Konjunktion** (Bindewort) **eingeleitet**: *wenn, als, dass, bis, weil, nachdem, …*
*Niemand hat geahnt, **dass** es so spannend werden würden.*
- Im **Nebensatz** steht die **finite Form des Prädikats** (die gebeugte Form des Verbs) immer an dessen **Ende**.
*Die Verfilmungen, **die es gibt**, sind ebenso erfolgreich.*
*Die Dreharbeiten werden schwieriger, **weil der Hauptdarsteller zu schnell altert**.*

Hauptsätze kann man mit **Nebensätzen** oder auch mit anderen **Hauptsätzen** verbinden. Häufig werden dafür **Konjunktionen** benutzt:
wenn, als, dass, bis, weil, nachdem, denn, und, oder …

Relativsatz = Nebensatz
Auch **Relativsätze** sind **Nebensätze**. Sie werden durch **Relativpronomen** mit anderen Sätzen verbunden. Das Relativpronomen bezieht sich dabei immer auf ein vorangegangenes Nomen.
*Morgen findet **der Ausflug** statt, **der** schon lange geplant ist.*

Hauptsatz + Hauptsatz = Satzreihe
Verbindet man einen **Hauptsatz** mit einem weiteren **Hauptsatz** spricht man von einer **Satzreihe**.
Wir freuen uns**, denn **der Ausflug wird bestimmt toll.

Die Sätze einer Satzreihe werden fast immer durch Kommas voneinander getrennt. Nur vor *und* bzw. *oder* kannst du das Komma auch weglassen.

Hauptsatz + Nebensatz = Satzgefüge
Verbindet man einen **Hauptsatz** mit einem **Nebensatz**, spricht man von einem **Satzgefüge**. Nebensätze können **vor**, **nach** oder **innerhalb** des Hauptsatzes stehen.
Wir werden müde sein, wenn wir zurückkommen.
Wenn wir zurückkommen, werden wir müde sein.
Wir werden, wenn wir zurückkommen, müde sein.

Nebensätze werden **immer** durch **Kommas** vom Hauptsatz getrennt.

7 SATZGLIEDER

Satzlieder haben unterschiedliche Aufgaben im Satz.

Satzglied	Aufgabe	Frage
Prädikat (Satzaussage)	informiert darüber, was passiert oder was getan wird	*Was tut jemand?* oder *Was geschieht?*
	*Das Team **spielt** gut.*	
Subjekt (Satzgegenstand)	gibt an, wer oder was etwas tut	*Wer tut etwas?* oder *Was geschieht?*
	***Das Team** spielt um den Pokal.*	
Objekte (Ergänzungen)	ergänzen das Prädi-kat im Satz auf unterschiedliche Arten	*Wessen?* *Wem?* *Wen?* oder *Was?*
	*Das Team spielt **um den Pokal.***	

Mit der **Umstellprobe** findest du heraus, welche Wörter oder Wortgruppen jeweils ein Satzglied bilden, denn Satzglieder bleiben auch beim Umstellen immer eine Einheit. Denk daran, dass du bei einer Umstellprobe kein Wort weglassen darfst und jeder Satz Sinn machen muss.

1	*2*	*3*	*4*
Kerstin	***verfolgt***	***die Spiele***	***mit Begeisterung.***
Mit Begeisterung	***verfolgt***	***Kerstin***	***die Spiele.***
Die Spiele	***verfolgt***	***Kerstin***	***mit Begeisterung.***

Achtung: Das **Prädikat** steht immer an der zweiten Stelle im Satz. Wenn ein Satzglied besonders betont werden soll, steht es oft am Anfang des Satzes.

Objekte: Wessen? Wem? Wen oder Was?
Es gibt verschiedene Objekte, die du gezielt erfragen kannst.

Genitivobjekt	Dativobjekt	Akkusativobjekt
Wessen?	Wem?	Wen oder was?
*Ein Pokalspiel bedarf **guter Vorbereitung**.*	*Der Torwart spielte **dem Abwehrspieler** den Ball zu.*	*Der Torwart spielte dem Abwehrspieler **den Ball** zu.*

Genitivobjekte werden immer seltener gebraucht – sie klingen für uns meist sehr altmodisch:
*Er **bemächtigte** sich **des Balls**.*
*Sie **schämten** sich **ihres Spiels**.*

Dativ- und Akkusativobjekt
In vielen Sätzen erfordert das Prädikat neben dem Subjekt noch eine weitere Ergänzung, um die Satzaussage vollständig zu machen – das Objekt.

Dativobjekt	Akkusativobjekt
Die Ergänzung des Prädikats steht im Dativ.	Die Ergänzung des Prädikats steht im Akkusativ.
Fragewort: ***Wem?***	Fragewort: ***Wen?*** oder ***Was?***
*Er gab **ihm** die Trikots.* ***Wem** gab er die Trikots?* *– **ihm***	*Der Torwart konnte **den Ball** halten.* ***Wen oder was** konnte der Torwart halten? – **den Ball***

Präpositionalobjekt
Präpositionalobjekte sind Objekte, die mit einer Präposition (Verhältniswort) in den Satz eingefügt werden. Die **Präposition gehört immer direkt zum Verb** und bestimmt den **Kasus** (Fall) der Ergänzung.
*Claudio wartet **auf den Startschuss**.*

Präpositionalobjekte kommen nur mit bestimmten Verben vor:
*achten **auf**, bitten **um**, denken **an**, erfahren **von**, klagen **über**, schmecken **nach**, leiden **unter**, protestieren **gegen**, gehören **zu**, warnen **vor**, helfen **bei**, …*

Adverbiale Bestimmungen
Adverbiale Bestimmungen sind Satzglieder, die **Angaben** über **Ort** *(wo?)*, **Zeit** *(wann?)*, **Art und Weise** *(wie?)* oder **Gründe** *(warum?)* enthalten. Sie können aus einzelnen Wörtern oder Wortgruppen bestehen. Adverbiale Bestimmungen kannst du nach ihrer Bedeutung unterscheiden.

Frage	Art der adverbialen Bestimmung
Wann? Wie oft? Wie lange? Seit wann? …	**Temporal**adverbial ***Gestern** sind wir mit dem Kanu gefahren.*
Wo? Wohin? Woher? …	**Lokal**adverbial *Wir fuhren **auf der Ems**.*
Wie? Auf welche Art und Weise? …	**Modal**adverbial *Wir mussten **vorsichtig** aussteigen.*
Warum? Weshalb? Aus welchem Grund? …	**Kausal**adverbial ***Wegen des heißen Wetters** schwitzen wir.*

2 RECHTSCHREIBUNG

Großschreibung

Nomen

Nomen schreibst du immer groß. Daran erkennst du ein Nomen:

- **Artikel:**
  Du kannst einem Nomen fast immer einen **Artikel voranstellen:**
  ***das** Haus* ***ein** Kind* ***die** Weltmeisterschaft*

  Vorsicht: Manchmal kann ein Artikel auch mit einer **Präposition** (Verhältniswort) **„verschmelzen"**:
  ***am** (= an + dem) Himmel, **zur** (= zu + der) Arbeit, ...*

- **Begleitwörter:**
  Andere Begleitwörter für Nomen sind **Possessivpronomen** (besitzanzeigende Fürwörter):
  ***mein** Schuh, **ihre** Brillen, **sein** Spiel, ...*

  Unbestimmte Für- und Mengenwörter:
  ***viel** Arbeit, **wenig** Geld, **kein** Ende, ...*

  Demonstrativpronomen (hinweisende Fürwörter):
  ***dieser** Tag, **jenes** Haus, ...*

- **Nomen-Endungen:**
  Diese Endungen können **nur bei Nomen** vorkommen:
  -ung, -nis, -heit, -keit, -schaft, -tum
  *Versicher**ung**, Zeug**nis**, Ein**heit**, Eitel**keit**, Freund**schaft**, Eigen**tum***

Nominalisierungen

Verben und Adjektive können auch wie Nomen gebraucht werden. Sie werden dann großgeschrieben. **Nominalisierungen** erkennst du oft an den vorangehenden **„Signalwörtern"**:

	nominalisiertes Verb	nominalisiertes Adjektiv
Artikel	***das** Heulen, **ein** Klopfen*	***das** Blau, **die** Wenigen*
„verschmolzene" Artikel	***beim** Lachen, **im** Laufen*	***im** Ganzen, **im** Wesentlichen*
Mengenwörter	***allerlei** Kommen und Gehen*	***viel** Neues, **etwas** Gutes*

Zeitangaben

Zeitangaben, denen ein oder mehrere **Begleitwörter** vorangehen, werden großgeschrieben:
*in **der** Nacht, **am** (an + dem) Abend, **viele** Nachmittage, ...*

Auch Zeitangaben, die den Wörtern *heute, gestern, morgen* folgen, schreibst du immer groß:
*heute **A**bend, vorgestern **M**ittag, ...*

Fremdwörter

Verben mit -ieren

Die Schreibweise von Fremdwörtern kannst du dir nur einprägen – Regeln helfen fast nicht weiter!
Bei den Verben wird aber zumindest die Endung **-ieren** immer gleich geschrieben.

*Operation ▶ oper**ieren*** *Diktat ▶ dikt**ieren***
*Telefon ▶ telefon**ieren*** *Addition ▶ add**ieren***

3 ZEICHENSETZUNG

Satzschlusszeichen

Aussagesatz: Am Ende steht ein **Punkt.**
*Ich kann zaubern**.***

Fragesatz: Am Ende setzt du ein **Fragezeichen.**
*Kannst du zaubern**?*** *Hast du neue Tricks gelernt**?***

Aufforderungs- oder **Befehlssatz:** Wenn du einer Aufforderung besonderen Nachdruck verleihen möchtest, setzt du am Ende ein **Ausrufezeichen.**
*Zaubere mir bitte mal etwas vor**!*** *Lern mal neue Tricks**!***

Ausrufesatz: Nach Gefühls- oder Wunschäußerungen setzt du auch oft ein Ausrufezeichen.
*Bin ich froh, dass das vorbei ist**!*** *Oh ja**!***

Kommasetzung

Aufzählungen

Wenn Wörter gleicher Wortarten oder Wortgruppen aufgezählt werden, trennst du sie durch ein **Komma** voneinander.
Sind die Teile einer Aufzählung durch ***und***, ***oder*** oder ***sowie*** verbunden, so wird **kein Komma** gesetzt.
*Ich esse ein Eis**,** zwei rote Erdbeeren**,** etwas Sahne **sowie** einen Keks.*

Kommas zwischen Sätzen

Zwischen **Haupt- und Nebensatz** muss **immer ein Komma** gesetzt werden. Der Nebensatz kann **vor, hinter** oder **innerhalb** des Hauptsatzes stehen. Er wird immer durch Kommas vom Hauptsatz getrennt.

Zwischen **zwei Hauptsätzen** kann statt eines Punktes auch ein Komma stehen.
*Das Buch hat 700 Seiten**,** keine Seite hat mich gelangweilt.*

Hauptsätze können auch mit ***und*** bzw. ***oder*** verbunden werden. Dann **musst** du **kein Komma** setzen.
*Das Buch hat 700 Seiten **und** keine Seite hat mich gelangweilt.*

Signalwörter für die Kommasetzung
Besteht ein Satz aus mehreren Sätzen, werden diese durch Kommas getrennt. Signalwörter sind oft: *weil, als, damit, bis, aber, denn, ob, wenn, obwohl, da, nachdem, bevor, ...*

Wörtliche Rede

Zu Beginn der wörtlichen Rede werden die **Anführungszeichen** unten gesetzt, am Ende der wörtlichen Rede stehen sie oben.
Sehr häufig findest du bei der Rede einen **Redebegleitsatz**.
Der Redebegleitsatz kann **vor, hinter** oder **inmitten** der wörtlichen Rede stehen. Steht der **Redebegleitsatz vor der wörtlichen Rede**, wird zwischen dem einleitenden Redebegleitsatz und der wörtlichen Rede ein **Doppelpunkt** eingefügt.
*Er fragte**:** „Sollen wir gehen?"*

Ein **eingeschobener Redebegleitsatz** wird durch **Kommas** abgetrennt.
*„Dienstag"**,** sagte er**,** „schreiben wir Mathe."*

Ein **nachgestellter Redebegleitsatz** wird immer durch ein **Komma** abgetrennt.
*„Ich helfe dir gleich"**,** sagte ich.*
*„Was können wir nur tun?"**,** fragte die Hexe.*
Dabei entfällt der Schlusspunkt in der wörtlichen Rede, Ausrufe- und Fragezeichen bleiben aber erhalten.

4 WORTARTEN

Nomen

Jedes Nomen hat ein Geschlecht (**Genus**). Du kannst es am bestimmten oder unbestimmten Artikel erkennen. Nomen können in der Einzahl (**Singular**) oder in der Mehrzahl (**Plural**) vorkommen.

Genus	Singular		Plural	
männlich (maskulinum)	***der*** *Mann*	***ein*** *Mann*	***die*** *Männer*	*Männer*
weiblich (femininum)	***die*** *Frau*	***eine*** *Frau*	***die*** *Frauen*	*Frauen*
sächlich (neutrum)	***das*** *Kind*	***ein*** *Kind*	***die*** *Kinder*	*Kinder*

Einige Nomen kommen **nur** im **Singular** oder **Plural** vor.
Singular: *das Eis, die Nahrung, die Gesundheit, …*
Plural: *die Leute, die Ferien, …*

Artikel

Artikel sind Begleiter der Nomen, die nicht immer sofort zu erkennen sind.

Artikel, die auf ‚Abstand gehen'

Oft schieben sich ein oder auch mehrere Adjektive zwischen Artikel und Nomen. Der Artikel bezieht sich auch aus der Entfernung immer direkt auf das Nomen.

die Musik
die *laute* ***Musik***
die *laute, fetzige* ***Musik***

„Verschmolzene" Artikel

Manchmal verschmilzt der Artikel mit einer Präposition und ist dadurch erst auf den zweiten Blick zu erkennen.

am *(an + dem),* ***zur*** *(zu + der), …*
Am *Abend* ***beim*** *Konzert brachte die Band den Saal* ***zum*** *Kochen.*

Kasus – die vier Fälle des Nomens

Nomen können in einem Satz in vier verschiedenen Fällen gebraucht werden. Abhängig vom **Kasus** (Fall) verändern sich der **Artikel** und die **Deklination** (Endung eines Nomens).

In welchem Kasus ein Nomen steht, kannst du mit Hilfe von **Fragewörtern** erkennen.

Kasus	Fragewörter	Beispiel
Nominativ	**Wer? Was?**	
	Wer *gibt sein Bestes?*	***Der Sänger*** *gibt sein Bestes.*
Genitiv	**Wessen?**	
	Wessen *Stimme begeisterte?*	*Die Stimme* ***des Sängers*** *begeisterte.*
Dativ	**Wem?**	
	Wem *folgten die Fans?*	*Die Fans folgten* ***dem Musikerbus*** *ins Hotel.*
Akkusativ	**Wen? Was?**	
	Wen *befragte ein Journalist?*	*Ein Journalist befragte* ***den Schlagzeuger.***

Adjektive

Adjektive bezeichnen **Eigenschaften** oder **Besonderheiten** von Personen, Dingen oder Sachverhalten.
Das Wasser ist ***kühl.*** ▶ ***Wie*** *ist das Wasser?*

Fast alle Adjektive können **in drei Stufen gesteigert** werden.

Positiv (Grundstufe)	*Das Wetter ist* ***schön.***
Komparativ (1. Steigerungsstufe)	*Die Ferienwohnung ist* ***schöner*** *als der Zeltplatz im letzten Urlaub.*
Superlativ (2. Steigerungsstufe)	*Den Strand mit den hohen Wellen finde ich* ***am schönsten.***

Manche Adjektive lassen sich nicht steigern, weil das keinen Sinn ergeben würde: *schwarz, rund, tot, …*

Adverbien

Adverbien (Umstandswörter) informieren genauer über die **Umstände einer Handlung oder einer Sache.**
Wir freuten uns ***sehr*** *auf den Tauchkurs. Alle wollten* ***gern*** *die Welt unter Wasser entdecken.*

Man unterscheidet folgende Arten von Adverbien:

Lokaladverbien bezeichnen einen **Ort**. Sie antworten auf die Frage ***wo***?	*da, dort, hier, oben, …*
Temporaladverbien bestimmen die **Zeit**angaben näher. Sie antworten auf die Frage ***wann***?	*heute, seitdem, soeben, damals, …*
Modaladverbien beschreiben die **Art und Weise**. Sie antworten auf die Frage ***wie***?	*besonders, gern, genauso, nur, …*
Kausaladverbien bezeichnen einen **Grund** näher. Sie antworten auf die Frage ***warum***?	*deshalb, dadurch, darum, …*

Im Unterschied zu Adjektiven, deren Endungen sich verändern können (z. B. *ruhig* ▶ *ein ruhi**ges** Kind*), sind **Adverbien** grundsätzlich **unflektierbar**, also nicht veränderbar.

Pronomen

Pronomen (Fürwörter) sind **Stellvertreter** oder **Begleiter** von Nomen.

Personalpronomen: *ich, du, er / sie / es, wir, ihr, sie*
Possessivpronomen: *mein, dein, sein / ihr / sein, unser, ihr, ihre*
Fragepronomen: *wer, wo, wann, wie, …*

Demonstrativpronomen (hinweisende Fürwörter) weisen auf eine Sache oder Person hin: *diese, jene, solche, diejenigen, …*
Diese *Musik mag ich.* ***Solche*** *Auftritte sind klasse.*

Relativpronomen (bezügliche Fürwörter) beziehen sich immer auf ein vorangegangenes Nomen: *der, die, das, welcher, …*
Die Lieder, ***die*** *ich kannte, sang ich laut mit.*

Relativpronomen leiten einen Nebensatz ein. Darum steht vor ihnen **immer ein Komma.**

8 VERBEN UND ZEITEN

Verben (Zeitwörter) bezeichnen, **was geschieht** oder **was eine Person tut**. Sie können eine Tätigkeit, einen Zustand oder ein Ereignis beschreiben und drücken immer eine bestimmte Zeitbedeutung aus. Die Zeitform des Verbs heißt **Tempus**.

Was geschieht?		Wann geschieht es?	
Tätigkeit	*Muriel **zieht** einen Pulli **an**.*	Vergangenheit	*Muriel **zog** einen Pulli **an**.*
Zustand	*Die Sonne **scheint**.*	Gegenwart	*Es **regnet** ohne Unterbrechung.*
Ereignis	*Die Sonne **geht auf**.*	Zukunft	*Die Sonne **wird** wieder **scheinen**.*

Man unterscheidet **starke** und **schwache Verben**. Den Unterschied erkennst du daran, ob sich der **Stammvokal** bei der Bildung des **Präteritums** (1. Vergangenheit) ändert.

schwache Verben – Stammvokal unverändert	starke Verben – Stammvokal verändert
Das Präteritum wird **regelmäßig** durch Anfügen von **-te** an den Wortstamm gebildet.	Das Präteritum wird **unregelmäßig** gebildet.
*suchen – ich such**te*** *lachen – ich lach**te*** *reden – ich rede**te***	*finden – ich f**a**nd* *heben – ich h**o**b* *lügen – ich l**o**g*

Gegenwart

Das **Präsens** (Gegenwart) drückt die Gegenwart einer Handlung aus. Du benutzt es, wenn du über etwas sprichst oder schreibst, das **gerade jetzt** geschieht. Darüber hinaus verwendet man das Präsens bei Aussagen, die **immer wieder** geschehen oder **dauerhaft** gelten.

im Moment: *Ich **trainiere** gerade.*
dauerhaft: *Berlin **liegt** in Deutschland.*
immer wieder: *Die Weltmeisterschaft **findet** alle vier Jahre statt.*

Vergangenheit

Präteritum

Mit dem **Präteritum** (1. Vergangenheit) beschreibst du Vorgänge oder Ereignisse, die **in der Vergangenheit passiert** sind oder **bereits abgeschlossen** sind. Es wird fast nur in **schriftlicher** Form benutzt.
*Ich **trainierte** gestern. Wir **lasen** die Sportzeitung.*

Bildung: Beim Präteritum hängst du an den Wortstamm des Verbs eine Endung an. Bei unregelmäßigen Verben ändert sich der Wortstamm des Verbs.
regelmäßig: *trainieren ▸ er trainier**te** – sie trainier**ten***
unregelmäßig: *lesen ▸ sie **las** – sie **lasen***

Perfekt

Das **Perfekt** (2. Vergangenheit) wird meist zum mündlichen Erzählen von etwas Vergangenem benutzt. Das heißt, wenn du **mündlich** von einem abgeschlossenen Ereignis der Vergangenheit erzählst, benutzt du das **Perfekt** anstelle des Präteritums.
*Ich **habe** gestern **trainiert**. Ich **bin** gestern 800 m **gelaufen**.*

Wenn du das **Perfekt** in Verbindung mit dem **Präsens** gebrauchst, beschreibt es, was **unmittelbar zuvor passiert** ist.
*Wir **haben** im letzten Moment den Bus **erwischt**, jetzt sind wir noch pünktlich.*

Bildung: Das Perfekt bildest du mit dem **Präsens** von ***haben*** oder ***sein*** (*wir haben* oder *er ist*) und dem **Partizip Perfekt** (*gewonnen, gespielt, …*)
*Wir **haben gewonnen**. Sie **sind ausgeschieden**.*

Plusquamperfekt

Das **Plusquamperfekt** (3. Vergangenheit) beschreibt die Vorvergangenheit, also Ereignisse, die zeitlich **noch vor einem bestimmten Zeitpunkt in der Vergangenheit** stattgefunden haben.
*Ich **hatte trainiert**, danach duschte ich mich.*
*Ich ging zum Arzt, nachdem ich **hingefallen war**.*

Bildung: Das Plusquamperfekt wird mit dem **Präteritum** von ***haben*** oder ***sein*** und dem **Partizip Perfekt** gebildet.
*Du **hattest geworfen**. Sie **waren gelaufen**.*

Zukunft

Futur I

Wenn du über etwas sprichst oder schreibst, das erst in der Zukunft geschehen soll, benutzt du oft das **Futur I** (Zukunft).

Bildung: Das Futur I wird mit dem Hilfsverb ***werden*** und der **Infinitivform** (Grundform) des Verbs gebildet.
*Er **wird spielen**. Morgen **wirst** du zum Spiel des HSV **fahren**.*

Du kannst ein zukünftiges Geschehen auch im Präsens ausdrücken, wenn im Satzzusammenhang deutlich wird, dass etwas erst noch passieren wird.
***Morgen** finden die Finalwettkämpfe statt.*
*Ich gehe **gleich** nach Hause.*

Futur II

Das **Futur II** wird nur noch selten benutzt. Es bezeichnet die „vollendete Zukunft". Du benutzt es, wenn du ein erst **in der Zukunft stattfindendes Ereignis** so beschreibst, als sei es **bereits abgeschlossen**.
*Schon morgen **werden** wir diese peinliche Niederlage **vergessen haben**.*

Das **Futur II** setzt sich aus **drei Bestandteilen** zusammen:		
Personalform von ***werden* im Präsens** +	**Partizip Perfekt** des Verbs +	**Infinitiv von *haben* oder *sein***
*Sie **wird*** *Ihr **werdet***	***gekämpft*** ***gelaufen***	***haben.*** ***sein.***

Deutsch 6. Klasse auf einen Blick
von Anja Strube

PONS Produktinfos und Shop: www.pons.de
PONS Sprachenportal: www.pons.eu
E-Mail: info@pons.de

ISBN: 978-3-12-561713-1